Alphonse Daudet

Lettres de mon moulin

La chèvre de M. Seguin
Le secret de maître Cornille
Les étoiles
Le sous-préfet aux champs
En Camargue
Installation

Illustrations de Janicotte

Casterman

ISBN 2 203 14707 5
(ISBN 2 203 13111 X, Le Secret de Maître Cornille, coll. L'Âge d'Or)
(ISBN 2 203 13112 8, La Chèvre de M. Seguin, coll. L'Âge d'Or)

La chèvre de M. Seguin

La chèvre de M. Seguin

Tu seras bien toujours le même, mon pauvre Gringoire!

Comment! on t'offre une place de chroniqueur dans un bon journal de Paris, et tu as l'aplomb de refuser... Mais regarde-toi, malheureux garçon! Regarde ce pourpoint troué, ces chausses en déroute, cette face maigre qui crie la faim. Voilà pourtant où t'a conduit la passion des belles rimes! Voilà ce que t'ont valu dix ans de loyaux services dans les pages du sire Apollo... Est-ce que tu n'as pas honte, à la fin?

Fais-toi donc chroniqueur, imbécile! fais-toi chroniqueur! Tu gagneras de beaux écus à la rose, tu auras ton couvert chez Brébant, et tu pourras te montrer les jours de première avec une plume neuve à ta barrette...

Non? Tu ne veux pas? Tu prétends rester libre à ta guise jusqu'au bout... Eh bien, écoute un peu l'histoire de la chèvre de M. Seguin. Tu verras ce que l'on gagne à vouloir vivre libre.

*
*   *

M. Seguin n'avait jamais eu de bonheur avec ses chèvres.

Il les perdait toutes de la même façon; un beau matin, elles cassaient leur corde, s'en allaient dans la montagne, et là-haut le loup les mangeait. Ni les caresses de leur maître, ni la peur du loup, rien ne les retenait. C'était, paraît-il, des chèvres indépendantes, voulant à tout prix le grand air et la liberté.

Le brave M. Seguin, qui ne comprenait rien au caractère de ses bêtes, était consterné. Il disait :

« C'est fini; les chèvres s'ennuient chez moi; je n'en garderai pas une. »

Cependant il ne se découragea pas, et, après avoir perdu six chèvres de la même manière, il en acheta une septième; seulement, cette fois, il eut soin de la prendre toute jeune, pour qu'elle s'habituât mieux à demeurer chez lui.

Ah! Gringoire, qu'elle était jolie la petite chèvre de M. Seguin! qu'elle était jolie avec ses yeux doux, sa barbiche de sous-officier, ses sabots noirs et luisants, ses cornes zébrées et ses longs poils blancs qui lui faisaient une houppelande! C'était presque aussi charmant

que le cabri d'Esméralda, tu te rappelles, Gringoire? – et puis, docile, caressante, se laissant traire sans bouger, sans mettre son pied dans l'écuelle. Un amour de petite chèvre...

M. Seguin avait derrière sa maison un clos entouré d'aubépines. C'est là qu'il mit la nouvelle pensionnaire. Il l'attacha à un pieu, au plus bel endroit du pré, en ayant soin de lui laisser beaucoup de corde, et de temps en temps il venait voir si elle était bien. La chèvre se trouvait très heureuse et broutait l'herbe de si bon cœur que M. Seguin était ravi.

« Enfin, pensait le pauvre homme, en voilà une qui ne s'ennuiera pas chez moi! »

M. Seguin se trompait, sa chèvre s'ennuya.

* * *

Un jour, elle se dit en regardant la montagne :

« Comme on doit être bien là-haut! Quel plaisir de gambader dans la bruyère, sans cette maudite longe qui vous écorche le cou!... C'est bon pour l'âne ou pour le bœuf de brouter dans un clos!... Les chèvres, il leur faut du large. »

A partir de ce moment, l'herbe du clos lui parut fade. L'ennui lui vint. Elle maigrit, son lait se fit rare. C'était pitié de la voir tirer tout le jour sur sa longe, la tête tournée du côté de la montagne, la narine ouverte, en faisant *Mé!...* tristement.

M. Seguin s'apercevait bien que sa chèvre avait quelque chose, mais il ne savait pas ce que c'était... Un matin, comme il achevait de la traire, la chèvre se retourna et lui dit dans son patois :

« Écoutez, monsieur Seguin, je me languis chez vous, laissez-moi aller dans la montagne.

— Ah! mon Dieu!... Elle aussi! » cria M. Seguin stupéfait, et du coup il laissa tomber son écuelle; puis, s'asseyant dans l'herbe à côté de sa chèvre :

« Comment, Blanquette, tu veux me quitter! »

Et Blanquette répondit :

« Oui, monsieur Seguin.

— Est-ce que l'herbe te manque ici?

— Oh! non! monsieur Seguin.

— Tu es peut-être attachée de trop court, veux-tu que j'allonge la corde?

— Ce n'est pas la peine, monsieur Seguin.

— Alors, qu'est-ce qu'il te faut? qu'est-ce que tu veux?

— Je veux aller dans la montagne, monsieur Seguin.

— Mais, malheureuse, tu ne sais pas qu'il y a le loup dans la montagne... Que feras-tu quand il viendra?...

— Je lui donnerai des coups de corne, monsieur Seguin.

— Le loup se moque bien de tes cornes. Il m'a mangé des biques autrement encornées que toi... Tu sais bien, la pauvre vieille Renaude qui était ici l'an dernier? une maîtresse chèvre, forte et méchante comme un bouc. Elle s'est battue avec le loup toute la nuit... puis, le matin, le loup l'a mangée.

— Pécaïre! Pauvre Renaude!... Ça ne fait rien, monsieur Seguin, laissez-moi aller dans la montagne.

— Bonté divine!... dit M. Seguin; mais qu'est-ce qu'on leur fait donc à mes chèvres? Encore une que le loup va manger... Eh bien, non... je te sauverai malgré toi, coquine! et de peur que tu ne rompes

ta corde, je vais t'enfermer dans l'étable, et tu y resteras toujours. »

Là-dessus, M. Seguin emporta la chèvre dans une étable toute noire, dont il ferma la porte à double tour. Malheureusement, il avait oublié la fenêtre, et à peine eut-il le dos tourné, que la petite s'en alla...

Tu ris, Gringoire? Parbleu! je crois bien; tu es du parti des chèvres, toi, contre ce bon M. Seguin... Nous allons voir si tu riras tout à l'heure.

Quand la chèvre blanche arriva dans la montagne, ce fut un ravissement général. Jamais les vieux sapins n'avaient rien vu d'aussi joli. On la reçut comme une petite reine. Les châtaigniers se baissaient jusqu'à terre pour la caresser du bout de leurs branches. Les genêts d'or s'ouvraient sur son passage, et sentaient bon tant qu'ils pouvaient. Toute la montagne lui fit fête.

Tu penses, Gringoire, si notre chèvre était heureuse! Plus de corde, plus de pieu... rien qui l'empêchât de gambader, de brouter à sa guise... C'est là qu'il y en avait de l'herbe! jusque par-dessus les cornes, mon cher!... Et quelle herbe! Savoureuse, fine, dentelée, faite de mille plantes... C'était bien autre chose que le gazon du clos. Et les fleurs donc!... De grandes campanules bleues, des digitales de pourpre à longs calices, toute une forêt de fleurs sauvages débordant de sucs capiteux!...

La chèvre blanche, à moitié soûle, se vautrait là-dedans les jambes en l'air et roulait le long des talus, pêle-mêle avec les feuilles tombées et les châtaignes... Puis, tout à coup, elle se redressait d'un bond sur ses pattes. Hop! la voilà partie, la tête en avant, à travers les maquis et les buissières, tantôt sur un pic, tantôt au fond d'un ravin, là-haut, en bas, partout... On aurait dit qu'il y avait dix chèvres de M. Seguin dans la montagne.

C'est qu'elle n'avait peur de rien, la Blanquette.

Elle franchissait d'un saut de grands torrents qui l'éclaboussaient au passage de poussière humide et d'écume. Alors, toute

ruisselante, elle allait s'étendre sur quelque roche plate et se faisait
sécher par le soleil... Une fois, s'avançant au bord d'un plateau,
une fleur de cytise aux dents, elle aperçut en bas, tout en bas dans la
plaine, la maison de M. Seguin avec le clos derrière. Cela la fit rire
aux larmes.

« Que c'est petit! dit-elle; comment ai-je pu tenir là-dedans? »

Pauvrette! de se voir si haut perchée, elle se croyait au moins
aussi grande que le monde...

En somme, ce fut une bonne journée pour la chèvre de M. Seguin.
Vers le milieu du jour, en courant de droite et de gauche, elle
tomba dans une troupe de chamois en train de croquer une lambrusque à belles dents. Notre petite coureuse en robe blanche fit
sensation. On lui donna la meilleure place à la lambrusque, et tous
ces messieurs furent très galants... Il paraît même, — ceci doit rester
entre nous, Gringoire, — qu'un jeune chamois à pelage noir eut la

bonne fortune de plaire à Blanquette. Les deux amoureux s'égarèrent parmi le bois une heure ou deux, et si tu veux savoir ce qu'ils dirent, va le demander aux sources bavardes qui courent invisibles dans la mousse.

*
*   *

Tout à coup le vent fraîchit. La montagne devint violette; c'était le soir.

« Déjà! » dit la petite chèvre; et elle s'arrêta fort étonnée.

En bas, les champs étaient noyés de brume. Le clos de M. Seguin disparaissait dans le brouillard, et de la maisonnette on ne voyait plus que le toit avec un peu de fumée. Elle écouta les clochettes d'un troupeau qu'on ramenait, et se sentit l'âme toute triste... Un gerfaut, qui rentrait, la frôla de ses ailes en passant. Elle tressaillit... puis ce fut un hurlement dans la montagne :

« Hou! hou! »

Elle pensa au loup; de tout le jour la folle n'y avait pas pensé... Au même moment une trompe sonna bien loin dans la vallée. C'était ce bon M. Seguin qui tentait un dernier effort.

« Hou! hou!... faisait le loup.

– Reviens! reviens!... » criait la trompe.

Blanquette eut envie de revenir; mais en se rappelant le pieu, la corde, la haie du clos, elle pensa que maintenant elle ne pouvait plus se faire à cette vie, et qu'il valait mieux rester.

La trompe ne sonnait plus...

La chèvre entendit derrière elle un bruit de feuilles. Elle se

retourna et vit dans l'ombre deux oreilles courtes, toutes droites, avec deux yeux qui reluisaient... C'était le loup.

★
★ ★

Énorme, immobile, assis sur son train de derrière, il était là regardant la petite chèvre blanche et la dégustant par avance. Comme il savait bien qu'il la mangerait, le loup ne se pressait pas; seulement, quand elle se retourna, il se mit à rire méchamment.

« Ha! ha! la petite chèvre de M. Seguin »; et il passa sa grosse langue rouge sur ses babines d'amadou.

Blanquette se sentit perdue... Un moment, en se rappelant l'histoire de la vieille Renaude, qui s'était battue toute la nuit pour être mangée le matin, elle se dit qu'il vaudrait peut-être mieux se laisser manger tout de suite; puis, s'étant ravisée, elle tomba en garde, la tête basse et la corne en avant, comme une brave chèvre de M. Seguin qu'elle était... Non pas qu'elle eût l'espoir de tuer le loup, – les chèvres ne tuent pas le loup, – mais seulement pour voir si elle pourrait tenir aussi longtemps que la Renaude...

Alors le monstre s'avança, et les petites cornes entrèrent en danse.

Ah! la brave chevrette, comme elle y allait de bon cœur! Plus de dix fois, je ne mens pas, Gringoire, elle força le loup à reculer pour

reprendre haleine. Pendant ces trêves d'une minute, la gourmande cueillait en hâte encore un brin de sa chère herbe; puis elle retournait au combat, la bouche pleine... Cela dura toute la nuit. De temps en temps la chèvre de M. Seguin regardait les étoiles danser dans le ciel clair, et elle se disait :

« Oh! pourvu que je tienne jusqu'à l'aube... ? »

L'une après l'autre, les étoiles s'éteignirent. Blanquette redoubla de coups de cornes, le loup de coups de dents... Une lueur pâle parut dans l'horizon... Le chant du coq enroué monta d'une métairie.

« Enfin ! » dit la pauvre bête, qui n'attendait plus que le jour pour mourir ; et elle s'allongea par terre dans sa belle fourrure blanche toute tachée de sang...

Alors le loup se jeta sur la petite chèvre et la mangea.

*   *
*

Adieu Gringoire !

L'histoire que tu as entendue n'est pas un conte de mon invention. Si jamais tu viens en Provence, nos ménagères te parleront

souvent de la *cabro de moussu Seguin, que se battégue touto la neui emé lou loup, e piei lou matin lou loup la mangé.*

Tu m'entends bien, Gringoire.
E piei lou matin lou loup la mangé.

Le secret de maître Cornille

Le secret de maître Cornille

Francet Mamaï, un vieux joueur de fifre, qui vient de temps en temps faire la veillée chez moi, en buvant du vin cuit, m'a raconté l'autre soir un petit drame de village dont mon moulin a été témoin il y a quelque vingt ans. Le récit du bonhomme m'a touché, et je vais essayer de vous le redire tel que je l'ai entendu.

Imaginez-vous pour un moment, chers lecteurs, que vous êtes assis devant un pot de vin tout parfumé, et que c'est un vieux joueur de fifre qui vous parle.

Notre pays, mon bon monsieur, n'a pas toujours été un endroit mort et sans refrains comme il est aujourd'hui. Auparavant, il s'y faisait un grand commerce de meunerie, et, dix lieues à la ronde, les gens des *mas* nous apportaient leur blé à moudre... Tout autour du village, les collines étaient couvertes de moulins à vent. De droite à gauche, on ne voyait que des ailes qui viraient au mistral par-dessus les pins, des ribambelles de petits ânes chargés de sacs, montant et dévalant le long des chemins; et toute la semaine c'était plaisir d'entendre sur la hauteur le bruit des fouets, le craquement de la toile et le *Dia hue!* des aides-meuniers... Le dimanche nous allions aux moulins, par bandes. Là-haut, les meuniers payaient le muscat. Les meunières étaient belles comme des reines, avec leurs fichus de dentelles et leurs croix d'or. Moi, j'apportais mon fifre, et jusqu'à la noire nuit on dansait des farandoles. Ces moulins-là, voyez-vous, faisaient la joie et la richesse de notre pays.

Malheureusement, des Français de Paris eurent l'idée d'établir une minoterie à vapeur, sur la route de Tarascon. Tout beau, tout nouveau! Les gens prirent l'habitude d'envoyer leurs blés aux minotiers, et les pauvres moulins à vent restèrent sans ouvrage. Pendant quelque temps ils essayèrent de lutter, mais la vapeur fut la plus forte, et l'un après l'autre, *pécaïre!* ils furent tous obligés de fermer... On ne vit plus venir les petits ânes... Les belles meunières vendirent leurs croix d'or... Plus de muscat! Plus de farandole!... Le mistral avait beau souffler, les ailes restaient immobiles... Puis, un beau jour, la commune fit jeter toutes ces masures à bas, et l'on sema à leur place de la vigne et des oliviers.

Pourtant, au milieu de la débâcle, un moulin avait tenu bon et continuait de virer courageusement sur sa butte, à la barbe des minotiers. C'était le moulin de maître Cornille, celui-là même où nous sommes en train de faire la veillée en ce moment.

*
* *

Maître Cornille était un vieux meunier, vivant depuis soixante ans dans la farine et enragé pour son état. L'installation des minoteries l'avait rendu comme fou. Pendant huit jours, on le vit courir par le village, ameutant tout le monde autour de lui et criant de toutes ses forces qu'on voulait empoisonner la Provence avec la farine des minotiers. « N'allez pas là-bas, disait-il; ces brigands-là, pour faire le pain, se servent de la vapeur, qui est une invention du diable, tandis que moi je travaille avec le mistral et la tramontane, qui sont la respiration du bon Dieu... » Et il trouvait comme cela une foule de belles paroles à la louange des moulins à vent, mais personne ne les écoutait.

Alors, de male rage, le vieux s'enferma dans son moulin et vécut tout seul comme une bête farouche. Il ne voulut pas même garder près de lui sa petite-fille Vivette, une enfant de quinze ans, qui, depuis la mort de ses parents, n'avait plus que son *grand* au monde. La pauvre petite fut obligée de gagner sa vie et de se louer un peu partout dans les *mas*, pour la moisson, les magnans ou les olivades. Et pourtant son grand-père avait l'air de bien l'aimer, cette enfant-là. Il lui arrivait souvent de faire ses quatre lieues à pied par le grand soleil pour aller la voir au *mas* où elle travaillait,

et quand il était près d'elle, il passait des heures entières à la regarder en pleurant...

Dans le pays on pensait que le vieux meunier, en renvoyant Vivette, avait agi par avarice; et cela ne lui faisait pas honneur de laisser sa petite-fille ainsi traîner d'une ferme à l'autre, exposée aux brutalités des *vaïles*, et à toutes les misères des jeunesses en condition. On trouvait très mal aussi qu'un homme du renom de maître Cornille, et qui, jusque-là, s'était respecté, s'en allât maintenant par les rues comme un vrai bohémien, pieds nus, le bonnet troué, la taillole en lambeaux... Le fait est que le dimanche, lorsque nous le voyions entrer à la messe, nous avions honte pour lui, nous autres les vieux; et Cornille le sentait si bien qu'il n'osait plus venir s'asseoir sur le banc d'œuvre. Toujours il restait au fond de l'église, près du bénitier, avec les pauvres.

Dans la vie de maître Cornille il y avait quelque chose qui n'était pas clair. Depuis longtemps personne, au village, ne lui portait plus de blé, et pourtant les ailes de son moulin allaient toujours leur train comme devant... Le soir, on rencontrait par les chemins le vieux meunier poussant devant lui son âne chargé de gros sacs de farine.

« Bonnes vêpres, maître Cornille! lui criaient les paysans; ça va donc toujours, la meunerie?

— Toujours, mes enfants, répondait le vieux d'un air gaillard. Dieu merci, ce n'est pas l'ouvrage qui nous manque. »

Alors, si on lui demandait d'où diable pouvait venir tant d'ouvrage, il se mettait un doigt sur les lèvres et répondait gravement : « *Motus!* je travaille pour l'exportation... » Jamais on n'en put tirer davantage.

Quant à mettre le nez dans son moulin, il n'y fallait pas songer. La petite Vivette elle-même n'y entrait pas...

Lorsqu'on passait devant, on voyait la porte toujours fermée, les grosses ailes toujours en mouvement, le vieil âne broutant le gazon de la plate-forme, et un grand chat maigre qui prenait le soleil sur le rebord de la fenêtre et vous regardait d'un air méchant.

Tout cela sentait le mystère et faisait beaucoup jaser le monde. Chacun expliquait à sa façon le secret de maître Cornille, mais le bruit général était qu'il y avait dans ce moulin-là encore plus de sacs d'écus que de sacs de farine.

A la longue pourtant tout se découvrit; voici comment :

En faisant danser la jeunesse avec mon fifre, je m'aperçus un beau jour que l'aîné de mes garçons et la petite Vivette s'étaient rendus amoureux l'un de l'autre. Au fond je n'en fus pas fâché, parce qu'après tout le nom de Cornille était en honneur chez nous, et puis ce joli petit passereau de Vivette m'aurait fait plaisir à voir trotter dans ma maison. Je voulus donc régler l'affaire tout de suite, et je montai jusqu'au moulin pour en toucher deux mots au grand-

père... Ah! le vieux sorcier! il faut voir de quelle manière il me reçut! Impossible de lui faire ouvrir sa porte. Je lui expliquai mes raisons tant bien que mal, à travers le trou de la serrure; et tout le temps que je parlais, il y avait ce coquin de chat maigre qui soufflait comme un diable au-dessus de ma tête.

Le vieux ne me donna pas le temps de finir, et me cria fort malhonnêtement de retourner à ma flûte; que, si j'étais pressé de marier mon garçon, je pouvais bien aller chercher des filles à la minoterie... Pensez que le sang me montait d'entendre ces mauvaises paroles; mais j'eus tout de même assez de sagesse pour me contenir, et, laissant ce vieux fou à sa meule, je revins annoncer aux enfants ma déconvenue... Ces pauvres agneaux ne pouvaient pas y croire; ils me demandèrent comme une grâce de monter tous deux ensemble au moulin, pour parler au grand-père... Je n'eus pas le courage de refuser, et prrt! voilà mes amoureux partis.

Tout juste comme ils arrivaient là-haut, maître Cornille

venait de sortir. La porte était fermée à double tour; mais le vieux bonhomme, en partant, avait laissé son échelle dehors, et tout de suite l'idée vint aux enfants d'entrer par la fenêtre, voir un peu ce qu'il y avait dans ce fameux moulin...

Chose singulière! la chambre de la meule était vide... Pas un sac, pas un grain de blé; pas la moindre farine aux murs ni sur les toiles d'araignée... On ne sentait pas même cette bonne odeur chaude de froment écrasé qui embaume dans les moulins... L'arbre de couche était couvert de poussière, et le grand chat maigre dormait dessus.

La pièce du bas avait le même air de misère et d'abandon : un mauvais lit, quelques guenilles, un morceau de pain sur une marche d'escalier, et puis dans un coin trois ou quatre sacs crevés d'où coulaient des gravats et de la terre blanche.

C'était là le secret de maître Cornille! C'était ce plâtras qu'il promenait le soir par les routes, pour sauver l'honneur du moulin et faire croire qu'on y faisait de la farine... Pauvre moulin! Pauvre Cornille! Depuis longtemps les minotiers leur avaient enlevé leur dernière pratique. Les ailes viraient toujours, mais la meule tournait à vide.

Les enfants revinrent tout en larmes, me conter ce qu'ils avaient vu. J'eus le cœur crevé de les entendre... Sans perdre une minute, je courus chez les voisins, je leur dis la chose en deux mots,

et nous convînmes qu'il fallait, sur l'heure, porter au moulin de Cornille tout ce qu'il y avait de froment dans les maisons... Sitôt dit, sitôt fait. Tout le village se met en route, et nous arrivons là-haut avec une procession d'ânes chargés de blé –, du vrai blé, celui-là!

Le moulin était grand ouvert... Devant la porte, maître Cornille, assis sur un sac de plâtre, pleurait, la tête dans ses mains. Il venait de s'apercevoir, en rentrant, que pendant son absence on avait pénétré chez lui et surpris son triste secret.

« Pauvre de moi! disait-il. Maintenant, je n'ai plus qu'à mourir... Le moulin est déshonoré. »

Et il sanglotait à fendre l'âme, appelant son moulin par toutes sortes de noms, lui parlant comme à une personne véritable.

A ce moment les ânes arrivent sur la plate-forme, et nous nous mettons tous à crier bien fort comme au beau temps des meuniers :

« Ohé! du moulin!... Ohé! maître Cornille! »

Et voilà les sacs qui s'entassent devant la porte et le beau grain roux qui se répand par terre, de tous côtés...

35

Maître Cornille ouvrait de grands yeux. Il avait pris du blé dans le creux de sa vieille main et il disait, riant et pleurant à la fois :

« C'est du blé!... Seigneur Dieu!... Du bon blé! Laissez-moi que je le regarde. »

Puis se tournant vers nous :

« Ah! je savais bien que vous me reviendriez... Tous ces minotiers sont des voleurs. »

Nous voulions l'emporter en triomphe au village :

« Non, non, mes enfants; il faut avant tout que j'aille donner à manger à mon moulin... Pensez donc! il y a si longtemps qu'il ne s'est rien mis sous la dent! »

Et nous avions tous des larmes dans les yeux de voir le pauvre vieux se démener de droite et de gauche, éventrant les sacs, surveillant la meule, tandis que le grain s'écrasait et que la fine poussière de froment s'envolait au plafond.

C'est une justice à nous rendre : à partir de ce jour-là, jamais nous ne laissâmes le vieux meunier manquer d'ouvrage. Puis, un matin, maître Cornille mourut, et les ailes de notre dernier moulin cessèrent de virer, pour toujours cette fois... Cornille mort, personne ne prit sa suite. Que voulez-vous, monsieur!... tout a une fin en ce monde, et il faut croire que le temps des moulins à vent était passé comme celui des coches sur le Rhône, des parlements et des jaquettes à grandes fleurs.

Les étoiles

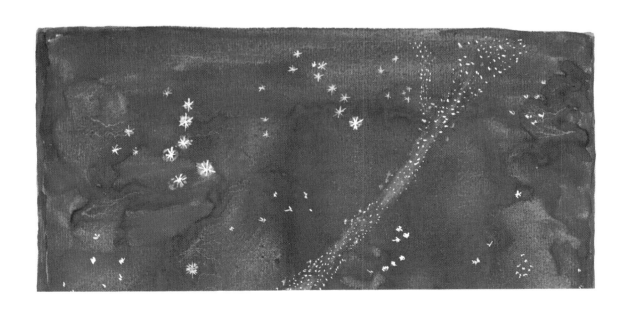

Les étoiles

Récit d'un berger provençal

Du temps que je gardais les bêtes sur le Luberon, je restais des semaines entières sans voir âme qui vive, seul dans le pâturage avec mon chien Labri et mes ouailles. De temps en temps l'ermite du Mont-de-l'Ure passait par là pour chercher des simples ou bien j'apercevais la face noire de quelque charbonnier du Piémont; mais c'étaient des gens naïfs, silencieux à force de solitude, ayant perdu le goût de parler et ne sachant rien de ce qui se disait en bas dans les villages et les villes. Aussi, tous les quinze jours, lorsque j'entendais, sur le chemin qui monte, les sonnailles du mulet de notre ferme m'apportant les provisions de quinzaine, et que je voyais apparaître peu à peu, au-dessus de la côte, la tête éveillée du petit *miarro* (garçon de ferme) ou la coiffe rousse de la vieille tante Norade, j'étais vraiment bien heureux. Je me faisais raconter les nouvelles du pays d'en bas, les baptêmes, les mariages ; mais ce qui m'intéressait

surtout, c'était de savoir ce que devenait la fille de mes maîtres, notre demoiselle Stéphanette, la plus jolie qu'il y eût à dix lieues à la ronde. Sans avoir l'air d'y prendre trop d'intérêt, je m'informais si elle allait beaucoup aux fêtes, aux veillées, s'il lui venait toujours de nouveaux galants ; et à ceux qui me demanderont ce que ces choses-là pouvaient me faire, à moi pauvre berger de la montagne,

je répondrai que j'avais vingt ans et que cette Stéphanette était ce que j'avais vu de plus beau dans ma vie.

Or, un dimanche que j'attendais les vivres de quinzaine, il se trouva qu'ils n'arrivèrent que très tard. Le matin je me disais : « C'est la faute de la grand-messe »; puis, vers midi, il vint un gros orage, et je pensai que la mule n'avait pas pu se mettre en route à cause du mauvais état des chemins. Enfin, sur les trois heures, le ciel étant lavé, la montagne luisante d'eau et de soleil, j'entendis parmi l'égouttement des feuilles et le débordement des ruisseaux gonflés, les sonnailles de la mule, aussi gaies, aussi alertes qu'un grand carillon de cloches un jour de Pâques. Mais ce n'était pas le petit *miarro*, ni la vieille Norade qui la conduisait. C'était... devinez qui!... notre demoiselle, mes enfants! notre demoiselle en personne, assise droite entre les sacs d'osier, toute rose de l'air des montagnes et du rafraîchissement de l'orage.

Le petit était malade, tante Norade en vacances chez ses enfants. La belle Stéphanette m'apprit tout ça, en descendant de sa mule, et aussi qu'elle arrivait tard parce qu'elle s'était perdue en route; mais à la voir si bien endimanchée, avec son ruban à fleurs, sa jupe brillante et ses dentelles, elle avait plutôt l'air de s'être attardée à quelque danse que d'avoir cherché son chemin dans les buissons. O la mignonne créature! Mes yeux ne pouvaient se lasser de la regarder. Il est vrai que je ne l'avais jamais vue de si près. Quelquefois l'hiver, quand les troupeaux étaient descendus dans la plaine et que je rentrais le soir à la ferme pour souper, elle traversait la salle vivement, sans guère parler aux serviteurs, toujours parée et un peu fière... Et maintenant je l'avais là devant moi, rien que pour moi; n'était-ce pas à en perdre la tête?

Quand elle eut tiré les provisions du panier, Stéphanette se mit à regarder curieusement autour d'elle. Relevant un peu sa belle jupe du dimanche qui aurait pu s'abîmer, elle entra dans le *parc*, voulut voir le coin où je couchais, la crèche de paille avec la peau de mouton, ma grande cape accrochée au mur, ma crosse, mon fusil à pierre. Tout cela l'amusait.

« Alors, c'est ici que tu vis, mon pauvre berger ? Comme tu dois t'ennuyer d'être toujours seul ! Qu'est-ce que tu fais ? A quoi penses-tu ?...»

J'avais envie de répondre : « A vous, maîtresse », et je n'aurais pas menti ; mais mon trouble était si grand que je ne pouvais pas seulement trouver une parole. Je crois bien qu'elle s'en apercevait, et que la méchante prenait plaisir à redoubler mon embarras avec ses malices :

« Et ta bonne amie, berger, est-ce qu'elle monte te voir quelquefois?... Ça doit être bien sûr la chèvre d'or, ou cette fée Estérelle qui ne court qu'à la pointe des montagnes... »

Et elle-même, en me parlant, avait bien l'air de la fée Estérelle, avec le joli rire de sa tête renversée et sa hâte de s'en aller qui faisait de sa visite une apparition.

« Adieu, berger.

– Salut, maîtresse. »

Et la voilà partie, emportant ses corbeilles vides.

Lorsqu'elle disparut dans le sentier en pente, il me semblait que les cailloux, roulant sous les sabots de la mule, me tombaient un à un sur le cœur. Je les entendis longtemps, longtemps; et jusqu'à la fin du jour je restai comme ensommeillé, n'osant bouger, de peur de faire en aller mon rêve. Vers le soir, comme le fond des vallées commençait à devenir bleu et que les bêtes se serraient en bêlant l'une contre l'autre pour rentrer au *parc*, j'entendis qu'on m'appelait dans la descente, et je vis paraître notre demoiselle, non plus rieuse ainsi que tout à l'heure, mais tremblante de froid, de peur, de mouillure. Il paraît qu'au bas de la côte elle avait trouvé la Sorgue grossie par la pluie d'orage, et qu'en voulant passer à toute force, elle avait risqué de se noyer. Le terrible, c'est qu'à cette heure de nuit il ne fallait plus songer à retourner à la ferme; car le chemin par la traverse, notre demoiselle n'aurait jamais su s'y retrouver

toute seule, et moi je ne pouvais pas quitter le troupeau. Cette idée de passer la nuit sur la montagne la tourmentait beaucoup, surtout à cause de l'inquiétude des siens. Moi, je la rassurais de mon mieux :

« En juillet, les nuits sont courtes, maîtresse... Ce n'est qu'un mauvais moment. »

Et j'allumai vite un grand feu pour sécher ses pieds et sa robe toute trempée de l'eau de la Sorgue. Ensuite j'apportai devant elle du lait, des fromageons; mais la pauvre petite ne songeait ni à se chauffer, ni à manger, et de voir les grosses larmes qui montaient dans ses yeux, j'avais envie de pleurer, moi aussi.

Cependant la nuit était venue tout à fait. Il ne restait plus

sur la crête des montagnes qu'une poussière de soleil, une vapeur de lumière du côté du couchant. Je voulus que notre demoiselle entrât se reposer dans le *parc*. Ayant étendu sur la paille fraîche une belle peau toute neuve, je lui souhaitai la bonne nuit, et j'allai m'asseoir dehors devant la porte... Dieu m'est témoin que, malgré le feu d'amour qui me brûlait le sang, aucune mauvaise pensée ne me vint; rien qu'une grande fierté de songer que dans un coin du

parc, tout près du troupeau curieux qui la regardait dormir, la fille de mes maîtres, — comme une brebis plus précieuse et plus blanche que toutes les autres, — reposait, confiée à ma garde. Jamais le ciel ne m'avait paru si profond, les étoiles si brillantes... Tout à coup,

la claire-voie du *parc* s'ouvrit et la belle Stéphanette parut. Elle ne pouvait pas dormir. Les bêtes faisaient crier la paille en remuant, ou bêlaient dans leurs rêves. Elle aimait mieux venir près du feu. Voyant cela, je lui jetai ma peau de bique sur les épaules, j'activai la flamme, et nous restâmes assis l'un près de l'autre sans parler. Si vous avez jamais passé la nuit à la belle étoile, vous savez qu'à l'heure où nous dormons, un monde mystérieux s'éveille dans la solitude et le silence. Alors les sources chantent bien plus clair, les étangs allument des petites flammes. Tous les esprits de la montagne vont et viennent librement; et il y a dans l'air des frôlements, des bruits imperceptibles, comme si l'on entendait les branches grandir, l'herbe pousser. Le jour, c'est la vie des êtres; mais la nuit, c'est la vie des choses. Quand on n'en a pas l'habitude, ça fait peur... Aussi notre demoiselle était toute frissonnante et se serrait contre moi au moindre bruit. Une fois, un cri long, mélancolique, parti de l'étang qui luisait plus bas, monta vers nous en ondulant. Au même instant une belle étoile filante glissa par-dessus nos têtes dans la même direction, comme si cette plainte que nous venions d'entendre portait une lumière avec elle.

« Qu'est-ce que c'est? me demanda Stéphanette à voix basse.

– Une âme qui entre en paradis, maîtresse. »

Et je fis le signe de la croix.

Elle se signa aussi, et resta un moment la tête en l'air, très recueillie. Puis elle me dit :

« C'est donc vrai, berger, que vous êtes sorciers, vous autres?

– Nullement, notre demoiselle. Mais ici nous vivons plus près des étoiles, et nous savons ce qui s'y passe mieux que des gens de la plaine. »

Elle regardait toujours en haut, la tête appuyée dans la

main, entourée de la peau de mouton comme un petit pâtre céleste :

« Qu'il y en a! Que c'est beau! Jamais je n'en avais tant vu... Est-ce que tu sais leurs noms, berger?

— Mais oui, maîtresse... Tenez! juste au-dessus de nous, voilà le *Chemin de saint Jacques* (la voie lactée). Il va de France droit sur l'Espagne. C'est saint Jacques de Galice qui l'a tracé pour montrer sa route au brave Charlemagne lorsqu'il faisait la guerre aux Sarrasins[1]. Plus loin, vous avez le *Char des âmes* (la grande Ourse) avec ses quatre essieux resplendissants. Les trois étoiles qui vont devant sont les *Trois bêtes*, et cette toute petite contre la troisième c'est le *Charretier*. Voyez-vous tout autour cette pluie d'étoiles qui tombent?

1. Tous ces détails d'astronomie populaire sont traduits de l'*Almanach provençal* qui se publie en Avignon.

Ce sont les âmes dont le bon Dieu ne veut pas chez lui... Un peu plus bas, voici le *Râteau* ou les *Trois rois* (Orion). C'est ce qui nous sert d'horloge, à nous autres. Rien qu'en les regardant, je sais maintenant qu'il est minuit passé. Un peu plus bas, toujours vers le midi, brille *Jean de Milan*, le flambeau des astres (Sirius). Sur cette étoile-là, voici ce que les bergers racontent. Il paraît qu'une nuit *Jean de Milan*, avec les *Trois rois* et la *Poussinière* (la Pléiade), furent invités à la noce d'une étoile de leurs amies. La *Poussinière*, plus pressée, partit, dit-on, la première, et prit le chemin haut. Regardez-la, là-haut, tout au fond du ciel. Les *Trois rois* coupèrent plus bas et la rattrapèrent; mais ce paresseux de *Jean de Milan*, qui avait dormi trop tard, resta tout à fait derrière, et furieux, pour les arrêter, leur jeta son bâton. C'est pourquoi les *Trois rois* s'appellent aussi le *Bâton de Jean de Milan*... Mais la plus belle de toutes les étoiles, maîtresse, c'est la nôtre, c'est l'*Étoile du berger*, qui nous éclaire à l'aube quand nous sortons le troupeau, et aussi le soir quand nous le rentrons. Nous la nommons encore *Maguelonne*, la belle Maguelonne qui court après *Pierre de Provence* (Saturne) et se marie avec lui tous les sept ans.

— Comment! berger, il y a donc des mariages d'étoiles?

— Mais oui, maîtresse. »

Et comme j'essayais de lui expliquer ce que c'était que ces mariages, je sentis quelque chose de frais et de fin peser légèrement sur mon épaule. C'était sa tête alourdie de sommeil qui s'appuyait contre moi avec un joli froissement de rubans, de dentelles et de cheveux ondés. Elle resta ainsi sans bouger jusqu'au moment où les astres du ciel pâlirent, effacés par le jour qui montait. Moi, je la regardais dormir, saintement protégé par cette claire nuit qui ne m'a jamais donné que de belles pensées. Autour de nous, les étoiles continuaient leur marche silencieuse, dociles comme un grand troupeau; et par moments je me figurais qu'une de ces étoiles, la plus fine, la plus brillante ayant perdu sa route, était venue se poser sur mon épaule pour dormir...

Le sous-préfet aux champs

Le sous-préfet aux champs

M. le sous-préfet est en tournée. Cocher devant, laquais derrière, la calèche de la sous-préfecture l'emporte majestueusement au concours régional de la Combe-aux-Fées. Pour cette journée mémorable, M. le sous-préfet a mis son bel habit brodé, son petit claque, sa culotte collante à bandes d'argent et son épée de gala à poignée de nacre... Sur ses genoux repose une grande serviette en chagrin gaufré qu'il regarde tristement.

M. le sous-préfet regarde tristement sa serviette en chagrin gaufré : il songe au fameux discours qu'il va falloir prononcer tout à l'heure devant les habitants de la Combe-aux-Fées :

« Messieurs et chers administrés... »

Mais il a beau tortiller la soie blonde de ses favoris et répéter vingt fois de suite :

« Messieurs et chers administrés... » la suite du discours ne vient pas.

La suite du discours ne vient pas... Il fait si chaud dans cette calèche! A perte de vue, la route de la Combe-aux-Fées poudroie sous le soleil du Midi... L'air est embrasé... et sur les ormeaux du bord du chemin, tout couverts de poussière blanche, des milliers de cigales se répondent d'un arbre à l'autre... Tout à coup M. le sous-préfet tressaille. Là-bas, au pied d'un coteau, il vient d'apercevoir un petit bois de chênes verts qui semble lui faire signe.

Le petit bois de chênes verts semble lui faire signe.

« Venez donc par ici, monsieur le sous-préfet; pour composer votre discours, vous serez beaucoup mieux sous mes arbres... »

M. le sous-préfet est séduit; il saute à bas de sa calèche et dit à ses gens de l'attendre, qu'il va composer son discours dans le petit bois de chênes verts.

Dans le petit bois de chênes verts il y a des oiseaux, des violettes, et des sources sous l'herbe fine... Quand ils ont aperçu M. le sous-préfet avec sa belle culotte et sa serviette en chagrin gaufré, les oiseaux ont eu peur et se sont arrêtés de chanter, les sources n'ont plus osé faire de bruit, et les violettes se sont cachées dans le gazon...

Tout ce petit monde-là n'a jamais vu de sous-préfet, et se demande à voix basse quel est ce beau seigneur qui se promène en culotte d'argent.

A voix basse, sous la feuillée, on se demande quel est ce beau seigneur en culotte d'argent... Pendant ce temps-là, M. le sous-préfet, ravi du silence et de la fraîcheur du bois, relève les pans de son habit, pose son claque sur l'herbe et s'assied dans la mousse au pied d'un jeune chêne; puis il ouvre sur ses genoux sa grande serviette de chagrin gaufré et en tire une large feuille de papier ministre.

« C'est un artiste! dit la fauvette.

— Non, dit le bouvreuil, ce n'est pas un artiste, puisqu'il a une culotte en argent; c'est plutôt un prince.

— C'est plutôt un prince, dit le bouvreuil.

— Ni un artiste, ni un prince, interrompt un vieux rossignol, qui a chanté toute une saison dans les jardins de la sous-préfecture... Je sais ce que c'est : c'est un sous-préfet! »

Et tout le petit bois va chuchotant :

« C'est un sous-préfet! c'est un sous-préfet!

— Comme il est chauve! » remarque une alouette à grande huppe.

Les violettes demandent :

« Est-ce que c'est méchant?

— Est-ce que c'est méchant? » demandent les violettes.

Le vieux rossignol répond :

« Pas du tout ! »

Et sur cette assurance, les oiseaux se remettent à chanter, les sources à courir, les violettes à embaumer, comme si le monsieur n'était pas là... Impassible au milieu de tout ce joli tapage, M. le sous-préfet invoque dans son cœur la Muse des comices agricoles, et, le crayon levé, commence à déclamer de sa voix de cérémonie :

« Messieurs et chers administrés...

— Messieurs et chers administrés », dit le sous-préfet de sa voix de cérémonie...

Un éclat de rire l'interrompit ; il se retourne et ne voit rien

qu'un gros pivert qui le regarde en riant, perché sur son claque. Le sous-préfet hausse les épaules et veut continuer son discours; mais le pivert l'interrompit encore et lui crie de loin :

« A quoi bon?

— Comment! à quoi bon? » dit le sous-préfet, qui devient tout rouge; et, chassant d'un geste cette bête effrontée, il reprend de plus belle :

« Messieurs et chers administrés...

— Messieurs et chers administrés... » a repris le sous-préfet de plus belle.

Mais alors, voilà les petites violettes qui se haussent vers lui sur le bout de leurs tiges et qui lui disent doucement :

« Monsieur le sous-préfet, sentez-vous comme nous sentons bon? »

Et les sources lui font sous la mousse une musique divine; et dans les branches, au-dessus de sa tête, des tas de fauvettes viennent lui chanter leurs plus jolis airs : et tout le petit bois conspire pour l'empêcher de composer son discours.

Tout le petit bois conspire pour l'empêcher de composer son discours... M. le sous-préfet, grisé de parfums, ivre de musique, essaye vainement de résister au nouveau charme qui l'envahit. Il s'accoude sur l'herbe, dégrafe son bel habit, balbutie encore deux ou trois fois :

« Messieurs et chers administrés... Messieurs et chers admi... Messieurs et chers... »

Puis il envoie les administrés au diable; et la Muse des comices agricoles n'a plus qu'à se voiler la face.

Voile-toi la face, ô Muse des comices agricoles!... Lorsque, au bout d'une heure, les gens de la sous-préfecture, inquiets de leur maître, sont entrés dans le petit bois, ils ont vu un spectacle qui les a fait reculer d'horreur... M. le sous-préfet était couché sur le ventre, dans l'herbe, débraillé comme un bohème. Il avait mis son habit bas... et, tout en mâchonnant des violettes, M. le sous-préfet faisait des vers.

En Camargue

En Camargue

LA CABANE

Un toit de roseaux, des murs de roseaux desséchés et jaunes, c'est la cabane. Ainsi s'appelle notre rendez-vous de chasse. Type de la maison camarguaise, la cabane se compose d'une unique pièce, haute, vaste, sans fenêtre, et prenant jour par une porte vitrée qu'on ferme le soir avec des volets pleins. Tout le long des grands murs crépis, blanchis à la chaux, des râteliers attendent les fusils, les carniers, les bottes de marais. Au fond, cinq ou six berceaux sont rangés autour d'un vrai mât planté au sol et montant jusqu'au toit auquel il sert d'appui. La nuit, quand le mistral souffle et que la maison craque de partout, avec la mer lointaine et le vent qui la rapproche, porte son bruit, le continue en l'enflant, on se croirait couché dans la chambre d'un bateau.

Mais c'est l'après-midi surtout que la cabane est charmante. Par nos belles journées d'hiver méridional, j'aime rester tout seul près de la haute cheminée où fument quelques pieds de tamaris. Sous les coups du mistral ou de la tramontane, la porte saute, les roseaux crient, et toutes ces secousses sont un bien petit écho du grand ébranlement de la nature autour de moi. Le soleil d'hiver fouetté par l'énorme courant s'éparpille, joint ses rayons, les disperse. De grandes ombres courent sous un ciel bleu admirable. La lumière arrive par saccades, les bruits aussi; et les sonnailles des troupeaux entendues tout à coup, puis oubliées, perdues dans le vent, reviennent chanter sous la porte ébranlée avec le charme d'un refrain... L'heure exquise, c'est le crépuscule, un peu avant que les chasseurs n'arrivent. Alors le vent s'est calmé. Je sors un moment. En paix le grand soleil

rouge descend, enflammé, sans chaleur. La nuit tombe, vous frôle
en passant de son aile noire tout humide. Là-bas, au ras du sol, la
lumière d'un coup de feu passe avec l'éclat d'une étoile rouge,
avivée par l'ombre environnante. Dans ce qui reste de jour, la vie
se hâte. Un long triangle de canards vole très bas, comme s'ils
voulaient prendre terre; mais tout à coup la cabane, où le *caleil* est
allumé, les éloigne : celui qui tient la tête de la colonne dresse le
cou, remonte, et tous les autres derrière lui s'emportent plus haut
avec des cris sauvages.

Bientôt un piétinement immense se rapproche, pareil à un bruit
de pluie. Des milliers de moutons, rappelés par les bergers, harcelés
par les chiens, dont en entend le galop confus et l'haleine haletante,

se pressent vers les parcs, peureux et indisciplinés. Je suis envahi, frôlé, confondu dans ce tourbillon de laines frisées, de bêlements ; une houle véritable où les bergers semblent portés avec leur ombre par des flots bondissants... Derrière les troupeaux, voici des pas connus, des voix joyeuses. La cabane est pleine, animée, bruyante. Les sarments flambent. On rit d'autant plus qu'on est plus las. C'est un étourdissement d'heureuse fatigue, les fusils dans un coin, les grandes bottes jetées pêle-mêle, les carniers vides, et à côté les plumages roux, dorés, verts, argentés, tout tachés de sang. La table est mise ; et dans la fumée d'une bonne soupe d'anguilles, le silence se fait, le grand silence des appétits robustes, interrompu seulement par les grognements féroces des chiens qui lapent leur écuelle à tâtons devant la porte...

La veillée sera courte. Déjà, près du feu, clignotant lui aussi, il ne reste plus que le garde et moi. Nous causons, c'est-à-dire nous nous jetons de temps en temps l'un à l'autre des demi-mots à la

68

façon des paysans, de ces interjections presque indiennes, courtes et vite éteintes comme les dernières étincelles des sarments consumés. Enfin le garde se lève, allume sa lanterne, et j'écoute son pas lourd qui se perd dans la nuit...

À L'ESPÈRE (À L'AFFÛT)

L'*espère !* quel joli nom pour désigner l'affût, l'attente du chasseur embusqué, et ces heures indécises où tout attend, *espère*, hésite entre le jour et la nuit. L'affût du matin un peu avant le lever du soleil, l'affût du soir au crépuscule. C'est ce dernier que je préfère, surtout dans ces pays marécageux où l'eau des *clairs* garde si longtemps la lumière...

Quelquefois on tient l'affût dans le *negochin* (le naye-chien), un

tout petit bateau sans quille, étroit, roulant au moindre mouvement. Abrité par les roseaux, le chasseur guette les canards du fond de sa barque, que dépassent seulement la visière d'une casquette, le canon du fusil et la tête du chien flairant le vent, happant les moustiques, ou bien de ses grosses pattes étendues penchant tout le bateau d'un côté et le remplissant d'eau. Cet affût-là est trop compliqué pour mon inexpérience.

Aussi, le plus souvent, je vais à l'espère à pied, barbotant en plein marécage avec d'énormes bottes taillées dans toute la longueur du cuir. Je marche lentement, prudemment, de peur de m'envaser. J'écarte les roseaux pleins d'odeurs saumâtres et de sauts de grenouilles...

Enfin, voici un îlot de tamaris, un coin de terre sèche où je m'installe. Le garde, pour me faire honneur, a laissé son chien avec moi; un énorme chien des Pyrénées à grande toison blanche, chasseur et pêcheur de premier ordre, et dont la présence ne laisse pas que de m'intimider un peu. Quand une poule d'eau passe à ma portée, il a une certaine façon ironique de me regarder en rejetant en arrière, d'un coup de tête à l'artiste, deux longues oreilles flasques qui lui pendent dans les yeux; puis des poses à l'arrêt, des frétillements de queue, toute une mimique d'impatience pour me dire :

« Tire... tire donc! »

Je tire, je manque. Alors, allongé de tout son corps, il bâille et s'étire d'un air las, découragé, et insolent...

Eh bien, oui, j'en conviens, je suis un mauvais chasseur. L'affût, pour moi, c'est l'heure qui tombe, la lumière diminuée, réfugiée dans l'eau, les étangs qui luisent, polissant jusqu'au ton de l'argent fin la teinte grise du ciel assombri. J'aime cette odeur d'eau, ce frôlement mystérieux des insectes dans les roseaux, ce petit murmure des longues feuilles qui frissonnent. De temps en temps, une note triste passe et roule dans le ciel comme un ronflement de conque marine. C'est le butor qui plonge au fond de l'eau son bec immense d'oiseau-pêcheur et souffle... rrrououou! Des vols de grues filent sur ma tête. J'entends le froissement des plumes, l'ébouriffement du duvet dans l'air vif, et jusqu'au craquement de la petite armature surmenée. Puis, plus rien. C'est la nuit, la nuit profonde, avec un peu de jour resté sur l'eau...

Tout à coup, j'éprouve un tressaillement, une espèce de gêne nerveuse, comme si j'avais quelqu'un derrière moi. Je me retourne, et j'aperçois le compagnon de belles nuits, la lune, une large lune toute ronde, qui se lève doucement, avec un mouvement d'ascension d'abord très sensible, et se ralentissant à mesure qu'elle s'éloigne de l'horizon.

Déjà un premier rayon est distinct près de moi, puis un autre un peu plus loin...Maintenant tout le marécage est allumé. La moindre touffe d'herbe a son ombre. L'affût est fini, les oiseaux nous voient : il faut rentrer. On marche au milieu d'une inondation de lumière bleue, légère, poussiéreuse; et chacun de nos pas dans les *clairs*, dans les *roubines*, y remue des tas d'étoiles tombées et des rayons de lune qui traversent l'eau jusqu'au fond.

Installation

Installation

Ce sont les lapins qui ont été étonnés!... Depuis si longtemps qu'ils voyaient la porte du moulin fermée, les murs et la plate-forme envahis par les herbes, ils avaient fini par croire que la race des meuniers était éteinte, et, trouvant la place bonne, ils en avaient fait quelque chose comme un quartier général, un centre d'opérations stratégiques : le moulin de Jemmapes des lapins... La nuit de mon arrivée, il y en avait bien, sans mentir, une vingtaine assis en rond sur la plate-forme, en train de se chauffer les pattes à un rayon de lune... Le temps d'entrouvrir une lucarne, frrt! voilà le bivouac en déroute, et tous ces petits derrières blancs qui détalent, la queue en l'air, dans le fourré. J'espère bien qu'ils reviendront.

Quelqu'un de très étonné aussi, en me voyant, c'est le locataire du premier, un vieux hibou sinistre, à la tête de penseur,

qui habite le moulin depuis plus de vingt ans. Je l'ai trouvé dans la chambre du haut, immobile et droit sur l'arbre de couche, au milieu des plâtras, des tuiles tombées. Il m'a regardé un moment avec son œil rond; puis, tout effaré de ne pas me reconnaître, il s'est mis à faire : « Hou! hou! » et à secouer péniblement ses ailes grises de poussière; — ces diables de penseurs! ça ne se brosse jamais... N'importe! tel qu'il est, avec ses yeux clignotants et sa mine renfrognée, ce locataire silencieux me plaît encore mieux qu'un autre, et je me suis empressé de lui renouveler son bail. Il garde comme dans le passé tout le haut du moulin avec une entrée par le toit; moi je me réserve la pièce du bas, une petite pièce blanchie à la chaux, basse et voûtée comme un réfectoire de couvent.

*   *   *

C'est de là que je vous écris, ma porte grande ouverte, au bon soleil.

Un joli bois de pins tout étincelant de lumière dégringole devant moi jusqu'au bas de la côte. A l'horizon, les Alpilles découpent leurs crêtes fines... Pas de bruit... A peine, de loin en loin, un son de fifre, un courlis dans les lavandes, un grelot de mules sur la route... Tout ce beau paysage provençal ne vit que par la lumière.

Et maintenant, comment voulez-vous que je le regrette, votre Paris bruyant et noir? Je suis si bien dans mon moulin! C'est si bien le coin que je cherchais, un petit coin parfumé et chaud, à mille lieues des journaux, des voitures, du brouillard!... Et que de jolies choses autour de moi! Il y a à peine huit jours que je suis installé, j'ai déjà la tête bourrée d'impressions et de souvenirs... Tenez! pas plus tard qu'hier soir, j'ai assisté à la rentrée des troupeaux dans un *mas* (une ferme) qui est au bas de la côte, et je vous jure que je ne donnerais pas ce spectacle pour toutes les *premières* que vous avez eues à Paris cette semaine. Jugez plutôt.

Il faut vous dire qu'en Provence, c'est l'usage, quand viennent les chaleurs, d'envoyer le bétail dans les Alpes. Bêtes et gens passent cinq ou six mois là-haut, logés à la belle étoile, dans l'herbe jusqu'au

ventre; puis, au premier frisson de l'automne, on redescend au *mas*, et l'on revient brouter bourgeoisement les petites collines grises que parfume le romarin... Donc hier soir les troupeaux rentraient. Depuis le matin, le portail attendait, ouvert à deux battants; les bergeries étaient pleines de paille fraîche. D'heure en heure on se disait : « Maintenant ils sont à Eyguières, maintenant au Paradou. » Puis, tout à coup, vers le soir, un grand cri : « Les voilà! » et là-bas, au lointain, nous voyons le troupeau s'avancer dans une gloire de poussière. Toute la route semble marcher avec lui... Les vieux béliers viennent d'abord, la corne en avant, l'air sauvage; derrière eux le gros des moutons, les mères un peu lasses, leurs nourrissons dans les pattes; — les mules à pompons rouges portant dans des paniers les agnelets d'un jour qu'elles bercent en marchant; puis les chiens tout suants, avec des langues jusqu'à terre, et deux grands coquins de bergers drapés dans des manteaux de cadis roux qui leur tombent sur les talons comme des chapes.

Tout cela défile devant nous joyeusement et s'engouffre sous le portail, en piétinant avec un bruit d'averse... Il faut voir quel émoi dans la maison. Du haut de leur perchoir, les gros paons vert et or, à crête de tulle, ont reconnu les arrivants et les accueillent par un formidable coup de trompette. Le poulailler, qui s'endormait, se réveille en sursaut. Tout le monde est sur pied : pigeons, canards, dindons, pintades. La basse-cour est comme folle; les poules parlent de passer la nuit!... On dirait que chaque mouton a rapporté dans sa laine, avec un parfum d'Alpe sauvage, un peu de cet air vif des montagnes qui grise et qui fait danser.

C'est au milieu de tout ce train que le troupeau gagne son gîte. Rien de charmant comme cette installation. Les vieux béliers s'attendrissent en revoyant leur crèche. Les agneaux, les tout petits, ceux qui sont nés dans le voyage et n'ont jamais vu la ferme, regardent autour d'eux avec étonnement.

Mais le plus touchant encore, ce sont les chiens, ces braves chiens de berger, tout affairés après leurs bêtes et ne voyant qu'elles dans le *mas*. Le chien de garde a beau les appeler au fond de sa niche ; le seau du puits, tout plein d'eau fraîche, a beau leur faire signe : ils ne veulent rien voir, rien entendre, avant que le bétail soit rentré, le gros loquet poussé sur la petite porte à claire-voie, et les bergers attablés dans la salle basse. Alors seulement ils consentent à gagner le chenil, et là, tout en lapant leur écuellée de soupe, ils racontent à leurs camarades de la ferme ce qu'ils ont fait là-haut dans la montagne, un pays noir où il y a des loups et de grandes digitales de pourpre pleines de rosée jusqu'au bord.

Table des matières

Imprimé en Belgique par Casterman, s.a., Tournai.
D. 1976/0053/85.